Terrinen – ein Augen- und Gaumenschmaus

Terrinen werden in feuerfesten Formen ohne Teighülle im Wasserbad zubereitet. Es gibt spezielle Terrinenformen, aber auch eine Kuchenform, Bratfolie oder ein Papierdarm leisten gute Dienste.

Eine Terrine läßt sich gut vorbereiten, und da sie meist kalt gereicht wird, ist sie idealer Bestandteil eines kalten Buffets. Auch als feine Vorspeise – mit mehreren Saucen – oder als Hauptmahlzeit mit Beilagen (Kartoffeln, Brot, Salat) ist sie immer willkommen.

Daß Terrinen nicht nur aus Fleisch bestehen müssen, zeigt dieses Buch: Gemüse, Fisch, Käse, Pilze oder Reste vom Vortag können ideale Ingredienzen sein.

…ne sagt
und Kalorien.

Spargel-Terrine

Eine Delikatesse in der Spargelsaison.

Zutaten für eine Terrinenform von 20 cm Länge:
1 kg Spargel · 1 Teel. Salz · 1 Teel. gekörnte Gemüsebrühe · 250 g frische ausgepalte Erbsen · 20 Spinatblätter (etwa 50 g) · 200 g gekochter Schinken im Stück · 350 g Sahne · 3 Eier · weißer Pfeffer, frisch gemahlen · 1 Prise Muskatnuß, frisch gerieben · 3 Eßl. Schnittlauchröllchen, frisch geschnitten · 1 Eßl. Öl für die Form

- Vorbereitungszeit: etwa 1¼ Stunden
- Garzeit: etwa 1 Stunde und 10 Minuten
- Kühlzeit: 8–12 Stunden

1

Die Spargelstangen im unteren Drittel schälen, in einen breiten Topf legen, mit Wasser bedecken und mit dem Salz und der gekörnten Gemüsebrühe etwa 5 Minuten leicht kochen lassen.

2

Die Erbsen waschen und abtropfen lassen. Den Schinken in kleine Würfel schneiden. Den Spinat gründlich waschen und gut abtropfen lassen.

3

Die Sahne mit den Eiern verquirlen, mit Pfeffer und dem Muskat abschmecken und den Schnittlauch untermengen.

4

Den Backofen auf 180° vorheizen. Die Fettpfanne oder die Bratreine mit Wasser füllen (Seite 34/35) und in die untere Schiene schieben.

5

Die Terrinenform einfetten und mit den Spinatblättern auslegen. Den Spargel, die Erbsen und die Schinkenwürfel abwechselnd in die Form schichten.

6

Die Sahnemasse darüber gießen und die Form mit dem Deckel oder mit Alufolie verschließen (Seite 34/35).

7

Die Terrine im Backofen im Wasserbad etwa 1 Stunde und 10 Minuten garen (Seite 34/35). Anschließend im Backofen noch abkühlen lassen und über Nacht in den Kühlschrank stellen.

8

Zum Anrichten die Terrine in Scheiben schneiden und garnieren.

Bei 12 Scheiben pro Scheibe etwa:
710 kJ/170 kcal
9 g Eiweiß · 14 g Fett · 4 g Kohlenhydrate

Spargel-Terrine

Gemüseterrine mit Reis

Mit Wildreis schmeckt diese Terrine sehr edel. Allerdings braucht er etwas mehr Zeit zum Vorgaren.

Zutaten für eine Kastenform von 25 cm Länge:
¼ l Wasser · 1 Teel. gekörnte Gemüsebrühe · 100 g Reis · 200 g Blattspinat · 200 g Broccoli · 200 g Paprikaschoten · 200 g frische ausgepalte Erbsen · 400 g Frischkäse · 4 Eier · Salz · 1 Prise weißer Pfeffer, frisch gemahlen · Muskatnuß, frisch gerieben · 1 Prise getrocknetes Basilikum · 1 Prise Paprikapulver · Öl für die Form

- Vorbereitungszeit: etwa 30 Minuten
- Garzeit: etwa 1 Stunde

1

Das Wasser und die gekörnte Gemüsebrühe in einem Topf zum Kochen bringen. Den Reis waschen, hinzugeben und bei mittlerer Hitze zugedeckt etwa 25 Minuten garen.

2

Den Backofen auf 200° vorheizen. Die Fettpfanne oder die Bratreine mit Wasser füllen (Seite 34/35) und in die untere Schiene schieben. In einem weiten Topf wenig Wasser erhitzen. Den Spinat verlesen, waschen und in heißem Wasser zusammenfallen lassen. Dann in einem anderen Topf etwa ¼ l Wasser aufsetzen.

3

Den Broccoli putzen, waschen und in kleine Röschen teilen. Eventuell die Stiele abschneiden und kreuzweise einschneiden, damit sie gleichzeitig gar werden. Die Paprikaschoten waschen, putzen und in kleine Würfel schneiden. Zusammen mit dem Broccoli im kochenden Wasser in etwa 5 Minuten knackig garen (blanchieren). Die Erbsen waschen und abtropfen lassen.

4

Den Käse mit den Eiern verrühren, mit Salz, dem Pfeffer, Muskat, dem Basilikum und dem Paprika abschmecken.

5

Den Reis in einem Sieb abtropfen lassen.

6

Die Terrinenform mit Öl einfetten und den Reis einfüllen. Die Gemüse schichtweise auf dem Reis verteilen, dazwischen jeweils etwas von der Käsemasse geben.

7

Die Terrine im Backofen im Wasserbad etwa 1 Stunde garen (Seite 34/35), auskühlen lassen und stürzen.

Bei 15 Scheiben pro Scheibe etwa:
630 kJ/150 kcal
7 g Eiweiß · 11 g Fett · 8 g Kohlenhydrate

Gemüseterrine mit Reis

Terrine mit Putenfleisch

Mit Wildfleisch können Sie diese Terrine herzhaft abwandeln.

Zutaten für eine Terrinenform von 25 cm Länge:
1 große Zwiebel · 2 Knoblauchzehen · 500 g Austernpilze · 2 Eßl. Sonnenblumenöl · 350 g fein gehacktes Putenfleisch · 2 Eier · 100 g Sahne · Salz · 1 Prise Cayennepfeffer · 2 Eßl. Sojamehl (oder 1 Eßl. Speisestärke) · Öl für die Form

- Vorbereitungszeit: etwa 45 Minuten
- Garzeit: etwa 1 Stunde

1

Die Zwiebel und den Knoblauch schälen und fein würfeln. Die Pilze waschen, mit einem Tuch abreiben und in Streifen schneiden. Den Backofen auf 200° vorheizen. Die Fettpfanne oder die Bratreine mit Wasser füllen (Seite 34/35) und in die untere Schiene schieben.

2

In einer Kasserolle das Sonnenblumenöl erhitzen, die Zwiebel- und die Knoblauchwürfel darin glasig braten. Die Pilze dazugeben und schmoren, bis der Pilzsaft, der sich dabei bildet, verdampft ist. Dann die Pilze abkühlen lassen.

3

In einer Schüssel das Puten-Hackfleisch mit den Eiern und der Sahne vermischen und mit Salz und dem Cayennepfeffer abschmecken.

4

Die abgekühlten Pilze zu dem Fleisch geben, das Sojamehl einrühren und alles gut vermengen.

5

Die Terrinenform einfetten und die Masse einfüllen.

6

Die Form mit dem Deckel oder mit Alufolie verschließen (Seite 34/35).

7

Die Terrine in das Wasserbad in den Backofen stellen und etwa 1 Stunde garen (Seite 34/35).

8

Die fertige Terrine herausnehmen, auskühlen lassen. Auf einen hübschen Teller stürzen und anrichten.

Bei 15 Scheiben pro Scheibe etwa:
360 kJ/86 kcal
7 g Eiweiß · 5 g Fett · 2 g Kohlenhydrate

Terrine mit Putenfleisch

Terrine mit Kaninchenfleisch

Eine Remouladen-Sauce ergänzt diese Terrine sehr gut.

Zutaten für eine Kastenform
von 30 cm Länge:
1 Zwiebel · 3 Eßl. Weißweinessig ·
2 Wacholderbeeren · 2 Lorbeerblätter ·
1 Teel. weiße Pfefferkörner · 1 Teel. Salz ·
375 g Kaninchenfleisch ohne Knochen ·
200 g Möhren · 200 g frische ausgepalte
Erbsen · 200 g Blumenkohl · 12 Blatt weiße
Gelatine · 3 Zweige Kerbel ·
6 Kirschtomaten

- Vorbereitungszeit: etwa 1 Stunde
- Kühlzeit: etwa 5 Stunden

1

Die Zwiebel schälen und grob schneiden. 1 l Wasser mit dem Essig, den Wacholderbeeren und den Lorbeerblättern, der Zwiebel, den Pfefferkörnern und dem Salz etwa 10 Minuten kochen. Das Fleisch dazugeben und langsam garen. Das dauert etwa 30 Minuten, je nach Alter des Tieres.

2

Inzwischen die Möhren waschen, putzen und in kleine Würfel schneiden. In wenig Wasser etwa 5 Minuten kochen. In einem Sieb abtropfen lassen.

3

Die Erbsen waschen. Den Blumenkohl in Röschen teilen, diese etwa 5 Minuten in kaltes Salzwasser legen, dann mit den Erbsen in kochendem Wasser in etwa 3 Minuten bißfest garen. Abtropfen lassen.

4

Die Gelatine in kaltem Wasser etwa 8 Minuten einweichen (Seite 18/19).

5

Das Fleisch aus dem Sud nehmen und auskühlen lassen. Den Sud durch ein Sieb gießen. In dem noch heißen Sud die abgetropfte Gelatine auflösen, dabei ständig rühren, damit sich keine Gelatinefäden bilden (Seite 18/19).

6

Die Kastenform mit Klarsichtfolie auslegen (Seite 34/35).

7

Das abgekühlte Fleisch in kleine Würfel schneiden. In einer entsprechend großen Schüssel mit dem Gemüse mischen und in die Form füllen. Die Gelatinemasse darüber gießen.

8

Die Terrine im Kühlschrank fest werden lassen. Danach die Form auf eine Platte stürzen. Die Folie abziehen und die Terrine in Scheiben schneiden. Mit dem Kerbel und den Tomaten garnieren.

Bei 18 Scheiben pro Scheibe etwa:
220 kJ/52 kcal
7 g Eiweiß · 2 g Fett · 3 g Kohlenhydrate

Terrine mit Kaninchenfleisch

Lachsmus-Terrine

Eine Vorspeise für besondere Anlässe.

Zutaten für 8 Terrinenförmchen von 10 cm Ø:
500 g frischer Lachs · 2 Eier · 100 g Sahne · Salz · 1 Prise weißer Pfeffer, frisch gemahlen · 1 Teel. Cognac · 1 Teel. Zitronensaft · 2 Teel. Speisestärke · Butter · 2 Eßl. Mandelblättchen

- Vorbereitungszeit: etwa 30 Minuten
- Garzeit: etwa 30 Minuten

1

Das Lachsfleisch von den Gräten und der Fischhaut lösen und etwa 15 Minuten in das Tiefkühlfach legen. Anschließend im Mixer oder mit einem Pürierstab zu Mus pürieren.

2

Die Eier in einer Schüssel dickschaumig aufschlagen.

3

Die Sahne steif schlagen und mit der Eicreme und dem Lachspüree vorsichtig mischen und mit Salz, dem Pfeffer, dem Cognac und dem Zitronensaft abschmecken.

4

Die Speisestärke über die zubereitete Masse sieben und unterheben.

5

In einem breiten Topf wenig Wasser erhitzen. Die Förmchen mit Butter gut ausfetten, mit den Mandelblättchen ausstreuen und das Mus einfüllen (Seite 18/19).

6

Die Terrinchen in das heiße Wasser auf ein Gitter stellen und im heißen Wasserbad etwa 30 Minuten garen (Seite 34/35).

7

Die fertigen Terrinchen auskühlen lassen, stürzen und anrichten. Gut paßt zum Beispiel eine Dillcreme dazu, und als Garnierung sehen Wachteleier hübsch aus.

Pro Förmchen etwa: 850 kJ/200 kcal
15 g Eiweiß · 15 g Fett · 2 g Kohlenhydrate

Lachsmus-Terrine

Spinat-Terrine mit Knoblauch

Eine Delikatesse für besondere Anlässe.

Zutaten für eine runde Form
von 24 cm Ø:
1 kg Spinat · 1 Stange Lauch ·
2 Eßl. Olivenöl · Salz · weißer Pfeffer,
frisch gemahlen · 1 Prise Muskatnuß,
frisch gerieben · 3 Knoblauchzehen ·
200 g Schafkäse · 4 Eier · 100 g Sahne ·
1 Eßl. Sojamehl (oder Speisestärke) ·
1 Eßl. Olivenöl · 200 g Krabben, tief-
gefroren und aufgetaut

- Vorbereitungszeit: etwa 30 Minuten
- Garzeit: etwa 1 Stunde

1

Den Spinat verlesen, von dicken Stielen befreien und mehrmals gründlich waschen.

2

Den Lauch in feine Ringe schneiden und in einem Sieb unter fließendem Wasser mehrmals waschen.

3

Den Backofen auf 200° vorheizen. Die Fettpfanne oder die Bratreine mit Wasser füllen (Seite 34/35) und in die untere Schiene schieben. In einem Topf das Olivenöl erhitzen, die Lauchringe und den Spinat dazugeben und zugedeckt etwa 15 Minuten garen. Anschließend mit Salz, Pfeffer und dem Muskat würzen und auskühlen lassen.

4

Die Knoblauchzehen schälen, fein hacken und zum Spinat geben.

5

In einer Schüssel den Schafkäse, die Eier, die Sahne und das Sojamehl miteinander verrühren.

6

Die Form mit Alufolie auskleiden und mit dem Olivenöl einfetten.

7

Den Spinat und die Krabben unter die Käsemasse mischen und in die vorbereitete Form füllen.

8

Die Form mit Alufolie abdecken (Seite 34/35) und die Terrine im Backofen im halbhohen Wasserbad etwa 1 Stunde garen (Seite 34/35).

9

Die Terrine schmeckt sowohl warm als auch kalt.

Bei 12 Stück pro Stück etwa:
630 kJ/150 kcal
10 g Eiweiß · 11 g Fett · 2 g Kohlenhydrate

Spinat-Terrine mit Knoblauch

Gemüse-Frischkäse-Terrine

Ein leichtes Gericht für heiße Sommertage.

Zutaten für eine runde Form
von 25 cm Ø:
250 g Möhren · 250 g grüne Bohnen ·
200 g Zucchini · 100 g rote Paprikaschote ·
200 g frische ausgepalte Erbsen ·
5 Eßl. Sahne · etwa 125 ccm Gemüse-
brühe · 8 Blätter weiße Gelatine ·
300 g Frischkäse · Salz · weißer Pfeffer,
frisch gemahlen · je 1 Prise Bohnenkraut
und Basilikum, getrocknet · 3 Eßl. frisch
feingehackte Petersilie · 4 Tomaten ·
2 hartgekochte Eier

- Vorbereitungszeit: etwa 1¼ Stunden
- Kühlzeit: 4-6 Stunden

1

Die Möhren waschen, schälen und in Würfel schneiden. Die Bohnen waschen und putzen, falls nötig, von den Fäden befreien und in Stücke schneiden. Die Zucchini waschen, von den Stielen und Blütenansätzen befreien und in kleine Würfel schneiden. Die Paprikaschote waschen, halbieren, den Stiel, die Kerne und die weißen Rippen entfernen und die Schote in kleine Würfel schneiden. Die Erbsen waschen und abtropfen lassen.

2

Die Möhren, die Bohnen und die Paprikaschoten mit 125 ccm Wasser in einen Topf geben und etwa 3 Minuten garen. Dann die Zucchiniwürfel und die Erbsen dazugeben und alles noch etwa 4 Minuten garen.

3

Das Gemüse abgießen, die Brühe auffangen und mit der Sahne und der Gemüsebrühe auf ¼ l ergänzen. Die Gelatine etwa 5 Minuten in kaltem Wasser einweichen und abtropfen lassen (Seite 18/19).

4

5 Eßlöffel von der erkalteten Gemüsebrühe erhitzen. Die Gelatine darin auflösen. Den Frischkäse mit der restlichen Brühe glattrühren. Die Gelatine unterrühren.

5

Das Gemüse kräftig mit Salz, Pfeffer und den Kräutern würzen und unter die Frischkäsemasse mischen.

6

Die Terrinenform mit Alufolie auskleiden (Seite 34/35), die Masse einfüllen und glattstreichen.

7

Die Terrine im Kühlschrank fest werden lassen. Zum Anrichten auf eine Platte stürzen, die Folie abziehen und die Terrine mit Tomaten und Eiachteln umlegen.

Bei 16 Scheiben pro Scheibe etwa:
470 kJ/110 kcal
6 g Eiweiß · 8 g Fett · 4 g Kohlenhydrate

Gemüse-Frischkäse-Terrine

So wird's gemacht

Einen Papierdarm füllen

1 Einen Papierdarm der Füllmenge entsprechend lang abschneiden. Das eine Ende mit einem starken Bindfaden fest verschnüren.

2 Den Darm in reichlich kaltem Wasser einweichen, dabei auch von innen anfeuchten.

3 Anschließend die vorbereitete Masse einfüllen und auch das zweite Ende verschnüren. Dabei noch genügend Platz zum Aufquellen des Inhalts lassen.

1

Gelatine einweichen und auflösen

1 Die Blattgelatine in kaltes Wasser legen und 5–8 Minuten quellen lassen.

2 Die Gelatine zum Abtropfen in ein Sieb schütten.

3 Zum Auflösen die Gelatine in die heiße (aber nicht kochende) Flüssigkeit, die gebunden werden soll, einrühren.

1

Terrinenförmchen vorbereiten

1 Die Förmchen mit Butter ausfetten. Das geht am besten mit flüssiger Butter.

2 Dann die Förmchen mit Mandelblättchen ausstreuen.

3 Die Masse in die Förmchen füllen (dabei einen etwa 2 cm hohen Rand frei lassen).

1

3

3

Hechtfilet-Terrine

Eine raffinierte Vorspeise für Fischliebhaber.

Zutaten für eine Terrinenform
von 20 cm Länge:
100 g junger Spinat · 1 kg Hechtfilet ·
Saft von 1 Zitrone · 3 Eier ·
100 g Crème fraîche · Salz ·
1 Prise weißer Pfeffer, frisch gemahlen ·
1 Bund Dill · 1 Eßl. Öl für die Form

- Zubereitungszeit: etwa 30 Minuten
- Garzeit: etwa 45 Minuten

1

Den Spinat verlesen, mehrmals waschen und trockenschleudern.

2

Das Fischfilet in kleine Stücke schneiden und mit dem Zitronensaft beträufeln.

3

Die Eier mit der Crème fraîche verrühren und mit Salz und dem Pfeffer kräftig abschmecken.

4

Den Dill waschen, trockenschleudern, von dicken Stielen befreien und fein hacken.

5

Das Fischfleisch, die Eiermasse und den Dill miteinander vermischen.

6

In einem Topf, in den die Form hineinpaßt, etwa 2 Fingerbreit Wasser erhitzen (Seite 34/35). Die Form mit dem Öl einfetten und mit den Spinatblättern auslegen. Die Fischmasse darauffüllen und die Form mit einem Deckel oder mit Alufolie verschließen (Seite 34/35).

7

Die Terrine in das Wasser stellen (Seite 34/35) und etwa 45 Minuten leise simmern lassen.

8

Die Terrine aus dem Wasserbad nehmen und auskühlen lassen. Dann stürzen und anrichten.

Bei 12 Scheiben pro Scheibe etwa:
530 kJ/130 kcal
17 g Eiweiß · 6 g Fett · 1 g Kohlenhydrate

Hechtfilet-Terrine

Brot-Terrine mit Pilzen

Diese Terrine ist sehr sättigend und kann sowohl warm als auch kalt serviert werden.

Zutaten für einen Papierdarm von 35 cm Länge:
300 g Toastbrot · 300 ccm Mineralwasser ·
300 g Austernpilze · 2 Zwiebeln ·
1 Eßl. Butter · 3 Eier · Salz ·
weißer Pfeffer, frisch gemahlen ·
1 Prise Muskatnuß, frisch gerieben ·
3 Eßl. Petersilie, frisch feingehackt

- Vorbereitungszeit: etwa 20 Minuten
- Garzeit: etwa 45 Minuten

1

Das Toastbrot in etwa 2 cm große Würfel schneiden und mit dem Mineralwasser übergießen.

2

Die Pilze waschen und streifig schneiden.

3

Die Zwiebeln schälen, fein würfeln und in der Butter anbraten. Die Pilze hinzugeben und etwa 8 Minuten schmoren.

4

Die Eier verquirlen, mit Salz, Pfeffer und dem Muskat kräftig abschmecken, dann die Petersilie unter die Eiermasse mischen.

5

Nun die Brotmasse mit den Pilzen und der Eiermasse vermengen.

6

Einen großen Topf in den der Papierdarm hineinpaßt, mit Wasser füllen und dieses zum Kochen bringen.

7

Den Papierdarm in kaltem Wasser einweichen, wobei er besonders innen gut durchfeuchtet sein muß. Das eine Ende des Darmes mit einem Bindfaden zubinden (Seite 18/19).

8

Die Masse in den Darm einfüllen, noch etwas Platz lassen, da der Inhalt noch aufquillt, und das zweite Ende ebenfalls zubinden (Seite 18/19).

9

Den Darm in den Topf legen und im kochenden Wasser etwa 45 Minuten garen.

10

Dann die Terrine herausnehmen und abkühlen lassen. Mit einer Schere aus dem Darm schneiden und in Scheiben teilen.

Bei 15 Scheiben pro Scheibe etwa:
360 kJ/86 kcal
3 g Eiweiß · 3 g Fett · 10 g Kohlenhydrate

Brot-Terrine mit Pilzen

Klare Fisch-Terrine

Eine leichte Terrine, die mit jedem Fischfilet köstlich schmeckt.

Zutaten für eine Kastenform
von etwa 25 cm Länge:
½ l trockener Weißwein · 1 Teel. Salz ·
1 Teel. weiße Pfefferkörner ·
2 Lorbeerblätter · 2 Wacholderbeeren ·
3 Korianderkörner · 2 Zwiebeln ·
750 g Schellfischfilet (oder Rotbarsch
oder Kabeljau) · 9 Blatt weiße Gelatine ·
¼ l kaltes Wasser · 1 Eßl. Zitronensaft ·
1 Bund Dill

- Zubereitungszeit: etwa 30 Minuten
- Kühlzeit: etwa 6 Stunden

1

In einem Topf den Wein mit dem Salz und den Gewürzen zum Kochen bringen und etwa 10 Minuten bei schwacher Hitze köcheln lassen, damit sich das Aroma der Gewürze gut entfalten kann.

2

Die Zwiebeln schälen, in Ringe schneiden und zum Weinsud geben. Das Fischfilet unter fließendem Wasser waschen, anschließend in den Sud geben und bei schwacher Hitze etwa 10 Minuten pochieren (garziehen).

3

Das Filet mit einem Schaumlöffel wieder herausnehmen, auskühlen lassen und in kleine Stücke reißen.

4

Inzwischen die Gelatine etwa 8 Minuten im kalten Wasser einweichen (Seite 18/19).

5

Den Weinsud durch ein Sieb gießen, die Gelatine in dem noch heißen Sud auflösen (Seite 18/19) und das kalte Wasser hinzugießen. Den Zitronensaft in den Sud schütten, abschmecken und, falls nötig, noch nachwürzen.

6

Den Dill waschen, trockenschleudern, fein hacken und in den abgekühlten Sud mischen. Die Terrinenform mit kaltem Wasser ausspülen, 10 Eßlöffel der Gelatineflüssigkeit hineingeben und erkalten lassen.

7

Das Fischfleisch in der Form verteilen, mit der restlichen Gelatineflüssigkeit begießen und kalt stellen, dabei von Zeit zu Zeit vorsichtig umrühren, damit sich die Fischstücke nicht am Boden absetzen.

8

Nach etwa 6 Stunden Kühlzeit die Terrine auf eine Platte stürzen und anrichten.

Bei 15 Scheiben pro Scheibe etwa:
290 kJ/69 kcal
10 g Eiweiß · 1 g Fett · 2 g Kohlenhydrate

Klare Fisch-Terrine

Lammfleisch-Terrine

Ein heißer Tip für Knoblauch- und Lamm-Fans.

Zutaten für eine ovale Form
von 25 cm Länge:
125 g weiße Bohnen · 250 g Möhren ·
250 g frische ausgepalte Erbsen ·
2 Zwiebeln · 5 Knoblauchzehen ·
100 g grüne Oliven · 750 g Lammhackfleisch · 100 g Semmelbrösel · 3 Eier · Salz ·
weißer Pfeffer, frisch gemahlen · 1 Prise
Cayennepfeffer · 1 Prise getrockneter
Rosmarin · 2 Eßl. Olivenöl

- Quellzeit: über Nacht
- Vorbereitungszeit: etwa 1¼ Stunden
- Garzeit: etwa 1 Stunde

1

Die Bohnen waschen und mit Wasser bedeckt über Nacht einweichen. Dann im selben Wasser etwa 1 Stunde garen. Danach in ein Sieb schütten und abtropfen lassen.

2

Nach etwa ½ Stunde Garzeit den Backofen auf 200° vorheizen. Die Fettpfanne oder die Bratreine mit Wasser füllen (Seite 34/35) und in die untere Schiene schieben. Die Möhren waschen, putzen und in kleine Würfel schneiden. In wenig Wasser in etwa 5 Minuten bißfest andünsten.

3

Die Erbsen waschen und abtropfen lassen. Die Zwiebeln und die Knoblauchzehen schälen und fein würfeln. Die Oliven klein hacken.

4

In einer Schüssel das Hackfleisch mit den Semmelbröseln, den Eiern, den Zwiebeln, dem Knoblauch und den Oliven mischen und mit Salz, Pfeffer, dem Cayennepfeffer und dem Rosmarin abschmecken.

5

Die Terrinenform mit Alufolie auskleiden (Seite 34/35) und mit Olivenöl einfetten.

6

Lagenweise die Fleischmasse und die abgetropften Bohnen, die Möhren und die Erbsen einfüllen, dabei das Gemüse gut in die Fleischmasse eindrücken. Die oberste Schicht sollte Fleisch sein.

7

Die Terrinenform mit ihrem Deckel oder mit Alufolie verschließen (Seite 34/35) und die Terrine im Backofen im Wasserbad etwa 1 Stunde garen (Seite 34/35).

8

Die fertige Terrine auskühlen lassen, stürzen und anrichten.

Bei 15 Scheiben pro Scheibe etwa:
920 kJ/220 kcal
14 g Eiweiß · 13 g Fett · 13 g Kohlenhydrate

Lammfleisch-Terrine

Blumenkohl-Terrine

Diese Terrine können Sie sowohl warm als auch kalt servieren.

Zutaten für eine Reisringform von 20 cm Ø:
1 l Wasser · 1 Teel. Salz · 1 kg Blumenkohl · 1 Bund Petersilie · 4 Eier · 100 g Crème fraîche · 1 Teel. gekörnte Gemüsebrühe · 1 Prise Muskatnuß, frisch gerieben · 2 Eßl. Zitronensaft · 1 Eßl. Speisestärke · 2 Eßl. flüssige Butter

- Vorbereitungszeit: etwa 35 Minuten
- Garzeit: etwa 1 Stunde

1

Das Wasser mit dem Salz zum Kochen bringen. Den Blumenkohl in kleine Röschen teilen, waschen und im Salzwasser in etwa 10 Minuten bißfest garen. Den Blumenkohl anschließend in ein Sieb schütten und abtropfen lassen.

2

Inzwischen in einem breiten Topf, in den die Form hineinpaßt, etwa 2 Fingerbreit Wasser erhitzen (Seite 34/35). Die Petersilie waschen, trockenschleudern und fein hacken.

3

In einer Schüssel die Eier, die Crème fraîche, die gekörnte Gemüsebrühe, den Muskat, den Zitronensaft und die Speisestärke mit einem Schneebesen kräftig verrühren, bis sich eine cremige Masse bildet und anschließend die gehackte Petersilie unterrühren.

4

Die Form mit der flüssigen Butter einfetten, den Blumenkohl hineingeben und die Eiercreme darüber gießen.

5

Die Form mit einem Deckel oder mit Alufolie verschließen (Seite 34/35).

6

Die Terrine ins Wasserbad stellen und etwa 1 Stunde garen (Seite 34/35). Dann die Terrine auskühlen lassen, stürzen und anrichten.

Bei 15 Stück pro Stück etwa: 320 kJ/76 kcal
4 g Eiweiß · 6 g Fett · 3 g Kohlenhydrate

Blumenkohl-Terrine

Kräuter-Terrine

Diese Terrine gelingt im Topf gegart genauso gut.

Zutaten für eine Rehrückenform von 25 cm Länge:
250 g Tomaten · 50 g Sonnenblumenkerne · 3 Eier · 1 Eßl. Speisestärke · 400 g Ricotta-Käse (oder Quark) · weißer Pfeffer, frisch gemahlen · Salz · je 2 Eßl. Schnittlauchröllchen, feingehackte Petersilie und Dill · 3 Eßl. Sonnenblumenöl · 1 Eßl. Öl für die Form

- Vorbereitungszeit: etwa 30 Minuten
- Garzeit: etwa 40 Minuten

1

Den Backofen auf 200° vorheizen. Die Fettpfanne oder die Bratreine mit Wasser füllen (Seite 34/35) und in die untere Schiene schieben. Die Tomaten mit kochendem Wasser überbrühen, häuten und in kleine Würfel schneiden, dabei Kerne und Stielansätze entfernen.

2

Die Sonnenblumenkerne in einer trockenen Pfanne rösten, bis sie goldgelb werden und angenehm duften.

3

Die Eier mit der Speisestärke und dem Käse verrühren und kräftig mit Pfeffer und Salz abschmecken.

4

Die Kräuter, die Sonnenblumenkerne und das Sonnenblumenöl unter die Käsemasse mischen.

5

Die Form mit dem Öl gut einfetten, die Masse einfüllen, glattstreichen und im Backofen im Wasserbad etwa 40 Minuten garen (Seite 34/35).

6

Die Terrine in der Form auskühlen lassen.

7

Die fertige Terrine stürzen, in etwa 1 cm dicke Scheiben schneiden, anrichten und mit einer Tomatenschalenrose garnieren.

Bei 25 Scheiben pro Scheibe etwa:
420 kJ/100 kcal
3 g Eiweiß · 8 g Fett · 4 g Kohlenhydrate

Kräuter-Terrine

Wildschwein-Terrine

Diese Terrine eignet sich hervorragend für ein kaltes Buffet.

Zutaten für eine runde Terrinenform von 25 cm Ø:
1 kg Wildschweinfleisch von der Keule · 8 cl trockener Sherry · 100 g Semmelbrösel · 3 Eier · 250 g Zwiebeln · 1 Eßl. Butter · 1 Teel. Salz · 1 Prise Cayennepfeffer · 1 Teel. Paprikapulver · 1 Teel. Oregano · 2 Tomaten · Petersilienzweige

- Zubereitungszeit: etwa 30 Minuten
- Garzeit: etwa 1 Stunde und 10 Minuten

1

Den Backofen auf 200° vorheizen. Die Fettpfanne oder die Bratreine mit Wasser füllen (Seite 34/35) und in die untere Schiene schieben. Das Fleisch waschen, abtrocknen und zweimal durch den Fleischwolf drehen.

2

In einer Schüssel den Sherry mit den Semmelbröseln und den Eiern vermengen und die Masse quellen lassen.

3

Die Zwiebeln schälen, fein hacken, zusammen mit der Butter in eine Pfanne geben, bei schwacher Hitze glasig dünsten und anschließend abkühlen lassen.

4

Das Fleisch, die Bröselmischung und die Zwiebeln miteinander vermengen und mit dem Salz, dem Cayennepfeffer, dem Paprika und dem Oregano kräftig würzen.

5

Die Terrinenform mit Alufolie auskleiden (Seite 34/35), die Masse einfüllen und glattstreichen.

6

Die Terrinenform mit einem Deckel oder mit Alufolie verschließen (Seite 34/35).

7

Die Terrine im Backofen im Wasserbad etwa 1 Stunde und 10 Minuten garen.

8

Die Terrine dann aus dem Backofen nehmen, erkalten lassen, auf eine Platte stürzen, in Scheiben schneiden und mit Tomatenscheiben und Petersilie anrichten.

Bei 20 Scheiben pro Scheibe etwa:
580 kJ/140 kcal
11 g Eiweiß · 8 g Fett · 5 g Kohlenhydrate

Wildschwein-Terrine

So wird's gemacht

Eine Terrinenform auskleiden und verschließen

1 Alufolie oder Klarsichtfolie großzügig zuschneiden, so daß möglichst aus einem Stück Boden und Rand der Form ausgekleidet werden können.

2 Die Folie in die Form einpassen, dabei den Rand mit der Schere mehrmals einschneiden.

3 Einen Deckel aus Alufolie ausschneiden, aufsetzen und am Rand einige Zentimeter umklappen.

Garen im Wasserbad

1 Den Backofen auf 200° vorheizen. Eine Bratreine etwa zur Hälfte mit Wasser füllen und auf dem Rost (unten) hineinschieben. Oder die Fettpfanne knapp mit Wasser füllen.

2 Die Terrinen-Form mit dem Deckel, mit Alufolie oder doppeltem Pergamentpapier verschließen (dann zusätzlich mit einem Bindfaden zubinden).

3 Die geschlossene Form im Backofen im Wasserbad garen. Die Garzeit richtet sich nach der Höhe der Form und liegt zwischen 30 Minuten und 1½ Stunden.

4 Manche Terrinen gelingen im Topf besser: Einen großen Topf etwa zur Hälfte mit Wasser füllen und erhitzen.

5 Ein Drahtgitter in den Topf legen und die Terrinenform darauf stellen. Sie sollte etwa zu zwei Dritteln im Wasser stehen. Das Wasser soll leicht weiterkochen.

6 Mit einem Metallspieß (beispielsweise einer Stricknadel) prüfen, ob die Terrine fertig ist. Dazu in der Mitte der Terrine einstechen und sofort nach dem Herausziehen mit Daumen und Zeigefinger die Temperatur prüfen. Der Spieß muß sich heiß anfühlen.